Kustantaja: BoD – Books on Demand, Helsinki, Suomi
Valmistaja: BoD – Books on Demand, Nordstedt, Saksa

ISBN 978-952-80-4501-4

SISÄLLYS: sivu

ÄÄNTÄMISOHJEITA:

arabian kirjain = suomen vastaava äänne

sulauta alleviivatut kirjaimet yhteen, se on yksi arabian kirjain.

أ = a tai ä (myös e)

ب = b

ت = t

ث = th (englannin ”the”)

ج = ĵ (englannin ”John”)

ح = ḥ (kova h)

خ = kh (khää äänne

kurkusta)

د = d

ذ = dh –sulauta kirjaimet yhteen, soinnullinen kirjain

ر = r

ز = z

س = s

ش = sh (suhiseva s)

ص = ṣ (kova s)

ض = ḍ

ط = ṭ (kova t)

ظ = ẓ

ع = ʿa, ʿi, ʿu (kurkku ä, i tai u) tai pelkkä ʿ

غ = gh –sulauta kirjaimet yhteen (kurkku ”är”, ranskan är-äänne)

ف = f

ق = q

ك = k

ل = l

م = m

ن = n

ه = h

و = w (”wau”)

ء = lausutaan vokaalina, mutta sukunin kanssa merkitään ´ (hamza, ääntäminen pysähtyy)

ي = y (lausutaan suomen ”jiinä”)

- sidotaan yhteen
/ voi pitää tauon
~ pidennä edellistä vokaalia neljään laskien
~~ pidennä edellistä vokaalia kuuteen laskien

Kursivoidut kirjaimet tarkoittavat *ghunnaa.* Tajweed sääntöjen mukaan kaksi miim م tai nuun ن kirjainta peräkkäin venytetään kahteen laskien. Miim م - ja nuun ن merkki sukunilla, eli ilman vokaalia lausutaan seuraavasta kirjaimesta riippuen joku muuntuneena tai sulautuneena seuraavaan kirjaimeen. Nämä kohdat on kursivoitu (esimerkiksi n ja seuraava sh). Voit kiinnittää niiden ääntämiseen huomiota kuunnellessasi Koraanin Resitointia.

Lihavoidut kirjaimet tarkoittavat **qalqalaa**. Tajweed sääntöjen mukaan kirjaimet ق ط ب ج د kaikuvat, tai ”ponnahtavat” lausuttaessa, jos niiden jälkeen ei ole vokaalia vaan ovat sukunin kanssa. Kiinnitä näiden lihavoitujen kirjainten ääntämiseen huomiota kuunnellessasi Koraanin resitointia.

Polvistumismerkki, kun luetaan Koraania tämän merkin kohdalla tehdään saĵda, eli polvistutaan ja sanotaan kolmesti ”subḥaana rabbiyäl ʿalä”.

JOHDANTO

Bismilläähi Rahmaani Rahiim,

Tämä kirja on tarkoitettu suomalaisille lukijoille, jotka eivät vielä osaa lukea arabiaa, mutta haluaisivat opetella Koraanin suuria ulkoa. Mukana on myös lyhyt rukousohje. Uudet muslimit voivat esimerkiksi käyttää translitteroituja ohjeita harjoitellessaan rukousta.

Olen yrittänyt translitteroida Koraanin suurat arabialaisesta alkutekstistä siten, että suomalaisen lukijan olisi mahdollisimman helppo lukea ja lausua niitä. Olen pyrkinyt seuraamaan Koraanin lausumis, eli tajweed sääntöjä translitteroinnissa. Kun opettelet tai harjoittelet Koraanin suuria, on tärkeää kuunnella resitointia, että oppisit oikean ääntämisen. Todella melodinen Koraanin resitointi ei välttämättä sovi ääntämisen harjoitteluun, vaikka onkin kaunista kuunneltavaa. Hyviä ja selkeitä resitoijia ovat esimerkiksi Ibrahim al Akhdar, Sheikh al Husairi, Al Minshawi ja Ayman as Suwaid.

Koraanin suurat on laitettu tässä kirjassa järjestykseen lopusta alkuun. Muslimit yleensä harjoittelevat ulkoa Koraanin lyhyitä suuria viimeisestä alkaen. Ensin pitää tietenkin harjoitella ensimmäinen suura, suura al Fatiha. Tähän kirjaan mahtui Koraanin viimeinen 1/60 osa (hizb), eli hizbul 'alä. Mukana on myös tärkeitä jakeita suurasta al Baqara.

Koraanin suomennokset ovat vuonna 1942 ilmestyneestä Ahsen Bören Koraanin käännöksestä.

Toivottavasti kirjasta on jotain hyötyä!

Sari Medjadji

1. SUURA AL FATIHA

1. Bismilläähir- Raḥmaanir- Raḥiim
2. Alḥamdu lilläähi rabbil ʿaalämiin
3. Arraḥmanir Raḥiim
4. Määliki yaumid-diin
5. Iyyääkä näʿabudu wa iyyääkä nästäʿiin
6. Ihdinaṣ-ṣiraṭal-mustaqiim

7. Ṣiraaṭal-ladhiina anʿamtä ʿaleihim ghairil maghḍuubi ʿaleihim walaḍ-ḍaa~~lliin

1. Avauksen suura

1. Jumalan Armeliaan Armahtavan nimeen
2. Ylistys Jumalalle, maailmojen Valtiaalle,
3. armolahjojen Antajalle, laupiaalle Ohjaajalle ja Siunaajalle,
4. jonka hallussa yksin on Tilinteon päivä.
5. Sinua ainoata palvelemme, Sinua huudamme avuksi.
6. Ohjaa meidät oikeata tietä,
7. niiden tietä, joiden osana on Sinun mielisuosiosi, ei niiden tietä, jotka ovat Sinun vihasi alaisia, eikä niiden, jotka harhaan eksyvät.

114. SUURA AN NÄÄS

Bismilläähir- Raḥmaanir- Raḥiim

1. Qul a'uudhu birabbin-nääs
2. Mälikin-nääs
3. Iläähin-nääs
4. Min shärril- waswaasil –khannääs
5. Alladhii yuwaswisu fii ṣuduurin-nääs
6. Minal-ĵinnati wan-nääs

114. Ihmisten suura

Jumalan Armeliaan Armahtavan nimeen

1. Sano: »Minä etsin turvaa ihmisten Herralta
2. ihmisten Kuninkaalta
3. ihmisten Jumalalta
4. hiipijän pahoja kuiskauksia vastaan
5. hänen, joka herättää pahuutta ihmismielissä
6. olkoonpa hän paholaisten tai ihmisten joukosta.»

113. SUURA AL FALAQ

Bismilläähir- Raḥmaanir- Raḥiim

1. Qul a'uudhu birabbil- fälä**q**
2. Min shärri mää khalä**q**
3. Wa min shärri ghaasiqin idhää waqa**b**
4. Wa min shärrin- näffääthääti fiil 'uqa**d**
5. Wa min shärri ḥääsidin idhää ḥäsä**d**

113. Päivänkoiton suura

Jumalan Armeliaan Armahtavan nimeen

1. *Sano: »Minä etsin turvaa päivänkoiton Herrasta*
2. *sitä pahaa vastaan, mikä on liikkeelle pantu*
3. *ja sitä pahaa vastaan, jonka pimeä yö tuo mukanaan*
4. *niiden pahuutta vastaan, jotka viettelevät päätöksessään lujittuvia*
5. *sekä pahaa vastaan, joka leviää kateellisesta, kun hän kadehtii.»*

112. SUURA AL IKHLAS

Bismilläähir- Raḥmaanir- Raḥiim

1. Qul huwAllahu aḥa**d**
2. Allahuṣ -ṣama**d**
3. Läm yälid wa-läm yuula**d**
4. Wa-läm yäkul-lähu kufu-wan aḥa**d**

112. Vilpittömyyden suura

Jumalan Armeliaan Armahtavan nimeen

1. Sano: »Hän, Jumala on yksi
2. ainoa Jumala, kaikkivaltias.
3. Hän ei ole (toista) synnyttänyt
4. eikä ole (toisesta) syntynyt.
5. Ketään ei ole Hänen vertaistaan.»

111. SUURA AL MASAD

Bismilläähir- Raḥmaanir- Raḥiim

1. Täbbät yädää~ äbi lähäbi*n* *w*a tä**bb**
2. Mää~ ʿag͟hnää ʿanhu mää-luhu wa mää käsä**b**
3. Sä yäṣlää näära*n* *d͟h*äätä lähä**b**
4. Wa-mra-atuhu ḥä*mm*äälätäl ḥaṭä**b**
5. Fii ĵiidihää ḥa**bl**u*m-m*i*m-m*äsä**d**

111. Liekkien lietsojan suura

Jumalan Armeliaan Armahtavan nimeen

1.Tuhon omat ovat Abu Lahabin molemmat kädet, ja tuho perii hänet itsensä.
2. Hänen rikkautensa ja ansionsa eivät häntä vähääkään hyödytä.
3. Pian hän kärventyy tulen liekeissä ,
4. ja samoin hänen vaimonsa, parjaaja,
5. jonka kaulaan on heitetty tiukasti punottu köysi.

110. SUURA AN NÄSR

Bismilläähir- Raḥmaanir- Raḥiim

1. Idhää ĵää~ä näṣrul-laahi wal fätḥ

2. Wara äitän- nääsä yädkhuluuna fii diinil-läähi äfwääĵää

3. Fäsäbbiḥ biḥämdi rabbika wastaghfirh / innähu käänä tawwaabaa

110. Avun suura

Jumalan Armeliaan Armahtavan nimeen

1. Kun Jumalalta apu ja voitto tulee
2. kun näet ihmisten suurin joukoin liittyvän Jumalan uskontoon
3. silloin ylistä Herrasi kunniaa ja ano Hänen anteeksiantoaan. Totisesti, Hän palkitsee moninkertaisesti.

<u>109. SUURA AL KÄÄFIRUUN</u>

Bismilläähir- Raḥmaanir- Raḥiim

1. Qul yää~ äyyuhäl kääfiruun

2. Lää~ a'abudu mää tä'abuduun

3. Wa lää~ ä*nt*um 'abiduuna mää~ a'abu**d**

4. Wa lää~ ana 'abidu*m m*ää 'abattum

5. Wa lää~ a*nt*um 'abiduuna mää~ a'abud

6. Läkum diinukum waliyä diin

<u>109. Epäuskoisten suura</u>

Jumalan Armeliaan Armahtavan nimeen

1. *Sano: »Te, jotka ette usko!*
2. *En palvele sitä, mitä te palvelette*
3. *ettekä te palvele Häntä, jota minä palvelen.*
4. *Enkä koskaan aio palvella sellaista, mitä te palvelette,*
5. *ettekä te koskaan Häntä, jota minä palvelen.*
6. *Teillä on tuomionne ja minulla palkkani.»*

108. SUURAT AL KAWTHAR

Bismilläähir- Raḥmaanir- Raḥiim

1. Innaa~ a'aṭainääkäl kawthar
2. Fäṣalli lirabbika wanḥar
3. Inna shääniäka huwal-abtar

108. Runsauden suura

Jumalan Armeliaan Armahtavan nimeen

1. Me olemme totisesti jakanut sinulle runsaasti hyvää.
2. Jatka siis rukouksiasi ja uhraa Herrallesi.
3. Vihollisesi totisesti kuuluu niihin, joilta hyvä riistetään.

107. SUURA AL MÄÄ'UUN

Bismilläähir- Raḥmaanir- Raḥiim

1. Ara-äitäl- lädhii yukädhdhibu bid-diin

2. Fädhäälikäl lädhii yädu''ul yätiim

3. Wa lää yäḥuḍḍu 'alä ṭa'amil- miskiin

4. Fäwailul lil-muṣalliin

5. Alladhiina hum 'a*n* ṣaläätihim säähuun

6. Alladhiina hum yuraa~uun

7. Wa yämnä'uunäl- mää'uun

107. Avustuksen suura

Jumalan Armeliaan Armahtavan nimeen

1. Mitä ajattelet miehestä, joka sanoo tulevaa tuomiota valheeksi? 2. Hän kohtelee orpoa karkeasti
3. eikä kehoita ruokkimaan köyhiä. 4. Voi niitä rukoilevia, 5. jotka eivät sen enempää rukouksista huolehdi, 6. jotka hyvää tekevät vain näön vuoksi
7. ja kitsaasti jättävät almut antamatta!

106. SUURA AL QUREISH

Bismilläähir- Raḥmaanir- Raḥiim

1. Li-iilääfi Qurei<u>sh</u>

2. iilääfihim riḥlätä<u>sh</u>- <u>sh</u>itää~i waṣ- ṣaif

3. Fäl- yä'buduu rabba hää<u>dh</u>äl- beit

4. Alla<u>dh</u>ii~ aṭ-'amähu*m* min ĵuu'i*n* wa äämänähu*m* *m*in <u>kh</u>auf

106. Qureishin suura

Jumalan Armeliaan Armahtavan nimeen

1. (Näin tapahtui) suosiosta Qureishien heimoa kohtaan,
2. suojelukseksi heille matkoiltaan talvella ja kesällä.
3. Palvelkoot he siis tämän huoneen Herraa,
4. joka sammuttaa heidän nälkänsä ja antaa turvan tunteen heidän pelätessään.

105. SUURA AL FIIL

Bismilläähir- Raḥmaanir- Raḥiim

1. Äläm tara keifä fä'alä rabbuka bi-aṣḥaabil- fiil

2. Äläm yäĵ'äl keidähum fii täḑliil

3. Wa arsala 'aleihim ṭairan äbääbiil

4. Tarmiihi*m* bi*ḥiĵ*äärati*n* *min* s*iĵĵ*iil

5. Fäĵä'alähum kä 'aṣfi*m* *mä'* kuul

105. Norsun suura

Jumalan Armeliaan Armahtavan nimeen

1. Etkö ole Miettinyt mitä Herrasi teki niille, jotka norsuilla hyökkäsivät?
2. Eikö Hän saattanut sekasortoon heidän sotaretkensä?
3. Ja lähettänyt heitä vastaan lintuparvia,
4. jotka sinkoutuivat heihin kovien kivien lailla.
5. Näin Hän teki heistä kuin madonsyömää pellonsänkeä.

104. SUURA AL HUMAZAH

Bismilläähir- Raḥmaanir- Raḥiim

1. Wailul- likulli humäzätil- lumäzäh
2. Alladhii ĵämäʿa määlän- waʿaddädäh
3. Yäḥsäbu änna määlähu~ äkhlädäh
4. Källää / läyum-bädhännä fiil- ḥuṭamah
5. Wa mää~ adraaka määl- ḥuṭamah
6. Näärul- laahil- muuqadah
7. Allatii täṭṭaliʿu ʿaläl äf-idäh
8. Innähää ʿaleihim mu´ṣadäh
9. Fii ʿamädim mumäddädäh

104. Parjaajan suura

Jumalan Armeliaan Armahtavan nimeen

1. Voi jokaista parjaajaa, panettelijaa, 2. joka kerää aarteita ja pitää niitä turvanaan, 3. luullen, että hänen rikkautensa on pysyväistä! 4. Hänet totisesti singotaan murskaavan surman suuhun. 5. Käsitätkö, mikä tuo surma on? 6. Tuli, jonka Jumala on sytyttänyt, 7. joka leimahtaa syntisiä vastaan. 8. Se on totisesti piirittävä heidät ympäri 9. kuin korkeat pilarit.

103. SUURA AL ʿASR

Bismillähir- Raḥmaanir- Raḥiim

1. Wal- ʿaṣr

2. Innal- insäänä läfii khusr

3. Illäl- lädhiina äämänuu wa ʿamiluṣ ṣaaliḥaati wa tawaa-ṣaw bil-ḥaqqi wa tawaa-ṣaw bis-ṣa**b**r

103. Ajan suura

Jumalan Armeliaan Armahtavan nimeen

1. Kautta kuluvan ajan,
2. ihminen on totisesti mennyttä,
3. lukuunottomatta niitä, jotka uskovat ja hyvää tekevät, soveltavat toisiinsa totuutta ja kehoittavat toisiaan kestävyyteen.

102. SUURA AT TAKATHUR

Bismilläähir- Raḥmaanir- Raḥiim

1. Älhääkumut- takaathur

2. Ḥättää zurtumul- maqaabir

3. Källää sawfä täʿlämuun

4. Thumma källää sawfä täʿlämuun

5. Källää law täʿlämuuna ʿilmal yaqiin

6. Latarawunnal- ĵaḥiim

7. Thumma lätarawun-nahää ʿainäl- yäqiin

8. Thumma latus-älunna yawmä-idhin ʿanin-näʿiim

102. Rikkauksien kartuttamisen suura

Jumalan Armeliaan Armahtavan nimeen

1. *Rikkauksien kartuttaminen vieroittaa mielenne (uskosta)*
2. *aina siihen saakka, kunnes eteenne avautuu hauta.*
3. *Totisesti saatte sen nähdä!*
4. *Ja vieläkin kerran te saatte sen nähdä.*
5. *Jospa olisitte sen varmuudella tietäneet,*
6. *olisitte ilmielävästi nähneet helvetin.*
7. *Vielä kerran, totisesti saatte nähdä sen omin silmin.*
8. *Silloin, tuona päivänä, teiltä toden totta vaaditaan (aikanaan) annettuja almuja.*

101. SUURA AL QAARIY'AH

Bismilläähir- Raḥmaanir- Raḥiim

1. Al qaari'ah

2. Määl- qaari'ah

3. Wa mää~ **a**d**r**aaka määl- qaari'ah

4. Yawmä yakuunu*n*- *n*ääsu kälfäraashil- mäbthuuth

5. Wa täkuunul- ĵibäälu käl-'ihnil- ma*nf*uush

6. Fä-ä*mm*ää ma*n* *th*äqulät mäwaaziinuh

7. Fähuwa fii 'iishätir-raaḍiyah

8. Wa ä*mm*ää man khaffät mäwaaziinuh

9. Fä-u*mm*uhu hääwiyäh

10. Wa mää~ **ad**raaka mää hiya

11. Näärun ḥäämiyäh

101. Jysähdyksen suura

Jumalan Armeliaan Armahtavan nimeen
1.Jysähdys! 2. Miten hirveä on jysähdys! 3. Ymmärrätkö kuinka kauhea on jysähdys? 4. Päivä, jolloin ihmiset ovat kuin hajoitettu sääskien parvi, 5. ja vuoret kuin keritty villa. 6. Sen osana, jonka hyvien tekojen mitta on suuri, 7. on elämä täynnä tyydytystä, 8. mutta toisin käy sen, jonka hyvät teot vaa'assa keveiksi havaitaan, 9. hänen asumuksensa on oleva horna. 10. Tiedätkö, mikä horna on? 11. Se on polttava tuli.

100. SUURA AL ʿAADIYÄÄT

Bismilläähir- Raḥmaanir- Raḥiim

1.Wal ʿaadiyääti ḍa**b**hää 2. fäl muuriyääti qa**d**haa 3. fäl mughiirääti ṣu**b**ḥaa 4. fä äthärnä bihi nä**q**ʿaa 5. fä wa säṭnä bihi ĵämʿaa 6. I*nn*al i*ns*äänä lirabbihi läkänuu**d** 7.wa i*nn*ahu ʿalä dhäälikä läshähii**d** 8. wa i*nn*ahu lihubbil-khairi läshädii**d** 9. äfäläa yäʿalämu idhää buʿathira mää fiil qubuur 10. wa ḥuṣṣila mää fiiṣ-ṣuduur 11. i*nn*a rabbähu*m* *b*ihim yaumäiädhil-läkhabiir.

100. Sotaratsujen suura

Jumalan Armeliaan Armahtavan nimeen

1. Kautta korkuvien sotaratsujen, 2. joiden kavioniskuista säkenöi tulta, 3. jotka riuhtovat hyökkäykseen aamulla, 4. nostattavat tomupilven ilmaan 5. ja syöksyvät sotalaumojen joukkoon. 6. Totisesti, ihminen on kiittämätön Herraansa kohtaan, 7. hänen on itsensä myönnettävä se. 8. Miten ahnaasti hän himoitseekaan maallista tavaraa! 9. Eikä hän tiedä, että tulee hetki, jolloin kaikki haudoista herätetään, 10. jolloin päivänvaloon tulee kaikki, mikä oli poven kätkössä. 11. Sinä päivänä heidän Herransa totisesti tuomitsee heidät tietonsa mukaan.

99. SUURA AZ ZÄLZÄLÄ

Bismilläähir- Raḥmaanir- Raḥiim

1.Idhää zulzilätil arḍu zilzäälähää 2. wa akhraĵatil arḍu athqaalähää 3. wa qaalal insäänu mää lähää 4. yaumäidhin tuḥaddithu akhbäärähää 5. bianna rabbäkä auḥäälähää 6. yaumäidhin yaṣdurun-nääsu äshtäätäl-liyurau aʿamäälähum 7. fämän yäʿamäl mithqaala dhärrätin khairan yarah 8. wa man yämäl mithqaalä dhärrätin shärrän yarah.

99. Maanjäristyksen suura

Jumalan Armeliaan Armahtavan nimeen

1.Kun maa järkkyy omasta järinästään,
2. kun se purkaa esiin kuormansa
3. ja kun ihminen kysyy: "Mikä sitä vaivaa?"
4. Sinä päivänä on se sanova sanomansa,
5. kun Herrasi on antanut siihen käskyn;
6. sinä päivänä astuvat (kuolleet) ihmiset esiin erilaisissa ryhmissä näkemään tekojaan.
7. Silloin se, joka on tehnyt hyvää hiukkasenkin verran, on sen näkevä,
8. ja se, joka on tehnyt pahaa hiukkasenkin verran, saa sen havaita.

98. SUURA AL BAYYINA

Bismilläähir- Raḥmaanir- Raḥiim

1.Läm yäkunil lädhiinä käfäruu min ählil kitääbi wal mushrikiinä mu*nf*äkkiina ḥättää tä´tiyahumul beiyyinah 2. Rasuulu*m-m*inallaahi yatluu ṣuḥufä*m-m*uṭahhäräh 3. fiihää kutubu*n q*ayyimah 4. wa mää täfärräqal lädhiinä uutuul kitääbä illää mi*m b*äʿadi mää ĵää~ät-humul beiyyinah 5. wa mää~ umiruu~ illää liyäʿabuduu llaaha mukhliṣiina lähud diinä ḥunäfää~ä wa yuqiimuu ṣ- ṣalaatä wa yu´tuuz zäkääh / wa dhäälikä diinul qayyimäh 6. i*nn*äl lädhiinä käfäruu min ählil kitääbi wal mushrikiinä fii nääri ĵähännämä khäälidiinä fiihää / ulää~ikä hum shärrul bäriyyäh 7. innäl lädhiinä äämänuu wa ʿamiluuṣ- ṣaaliḥääti ulää~ikä hum khairul bäriyyäh 8. ĵäzää~ uhum ʿi*nd*ä rabbihim ĵa*nn*aatu ʿa**d**nin täĵrii mi*n t*ähtiḥääl anhääru khäälidiinä fiihää~ äbädää / raḍia llaahu ʿanhum wa raḍuu ʿanh / dhäälikä liman khäshiyä rabbah.

98. Selvän todistuksen suura

Jumalan Armeliaan Armahtavan nimeen

1.Uskottomat sekä Kirjoituksen saaneiden, että pakanain keskuudessa eivät epäilleet, ennen kuin tuli selvä todistus, 2. Jumalan lähetti, joka luki heille väärentämättömät kirjoitukset, 3. jotka sisältävät oikeat määräykset. 4. Ja ne, joille Kirjoitus oli annettu, jakaantuivat lahkokuntiin vasta, kun selvä todistus oli tullut heidän osakseen, 5. eikä heille annettu muuta käskyä, kuin palvella Jumalaa, olla kuuliaisia yksin Hänelle, vilpittöminä suorittaa rukoukset ja uhrata säädetyt almut, sillä tämä on oikea usko. 6. Totisesti ne, jotka eivät usko, sekä Kirjoituksen saaneet, että pakanat joutuvat helvetin tulee ja jäävät sinne ikuisiksi ajoiksi. Nämä ovat ihmisistä kurjimpia. 7. Ne, jotka uskovat ja tekevät hyviä töitä, ovat totisesti parhaita olentoja. 8. Heidän palkkansa heidän Herransa luona ovat ikiautuuden puutarhat, joita virrat vilvoittavat ja joissa he saavat asua ikuisesti. Heillä on Jumalan mielisuosio ja heidän onnensa on Jumalassa. Tämä on jokaista varten, joka pelkää Herraansa.

97. SUURA AL QADR

Bismilläähir- Raḥmaanir- Raḥiim

1. I*nn*ää ~ ä*nz*älnäähu fii leilatil qadr
2. wa määˀ a**d**raakä mää leilatul qadr
3. leilatul qa**d**ri khairu*m m*in älfi shähr
4. tänäzzälul mäläääˀ ikatu war-ruuḥu fiihää bi-idhni rabbihi*m-min k*ulli amr
5. säläämun hiya hättää maṭlaʿil fajr.

97. Siunatun yön suura

Jumalan Armeliaan Armahtavan nimeen

1.Totisesti olemme ilmaissut sen siunattuna yönä.
2. Ja mistä tietäisit, mikä on siunattu yö?
3. Siunattu yö on arvokkaampi kuin tuhat kuukautta.
4. Silloin laskeutuvat enkelit ja suuri henki Herransa käskyn mukaan kaikenlaisiin tehtäviin.
5. Silloin vallitsee rauha ja kestää aamunkoittoon saakka.

96. SUURA AL ʻALAQ

Bismilläähir- Raḥmaanir- Raḥiim

1. I**q**ra bismi rabbikal-ladhii khalaq
2. Khalaqal i*ns*äänä min ʻAlaq
3. I**q**ra wa rabbukal- akram
4. Alladhii ʻAllämä bil- qalam
5. ʻAllämäl- i*ns*äänä mää läm yäʻaläm
6. källää~ i*nn*al i*ns*äänä läyaṭghaa
7. ar-ra- aahus staghnää
6. i*nn*a ilää rabbikär-ruĵʻaa
7. araäitäl-lädhii yänhää
8. ʻabdan idhää ṣallaa
9. araäitä i*n* *k*äänä ʻaläl hudää
10. aw amara bittä**q**waa
11. araäitä i*n* *k*ädhdhäbä wa täwällää
12. äläm yäʻaläm bia*nn*al-laaha yaraa
13. källää läil-läm yä*nt*ähi länäsfäʻa*m bin n*ääṣiyah
14. nääṣiyäti*n* *k*äädhibäti*n* *kh*aaṭiäh
15. fälya**d**ʻu näädiyäh
16. sänä**d**ʻuz-zäbääniyäh
17. källää lää tuṭiʻhu was-suju**d** wa**q** tari**b**.

96. Alkion suura

Jumalan Armeliaan Armahtavan nimeen

1. *Lue julki Herrasi nimeen, joka on luonut*
2. *luonut ihmisen hyytyneestä verestä.*
3. *Lue! Sillä Herrasi on ylevin;*
4. *Hän joka on opettanut käyttämään kynää*
5. *opettanut ihmiselle sen, mistä tämä ei ennen tiennyt.*
6. *Totisesti ihminen tekee syntiä,*
7. *koska hän kuvittelee elävänsä omista ansioistaan,*
8. *mutta totisesti, tie johtaa hänet jälleen Herransa luo.*
9. *Oletko nähnyt sitä, joka kieltää*
10. *(Jumalan) palvelijaa rukoilemasta?*
11. *Oletko nähnyt, seuraako hän itse johdatusta?*
12. *Tai kehoittaako hän jumalanpelkoon?*
13. *Oletko huomannut hänen väittävän totuutta valheeksi ja kääntävän sille selkänsä?*
14. *Eikä hän tiedä, että Jumala totisesti näkee kaiken?*
15. *Ellei hän herkeä sellaisesta, iskemme häntä otsaan,*
16. *valheelliseen, syntiseen otsaa.*
17. *Kutsukoon hän sitten apureitansa!*
18. *Me kutsumme myös soturimme.*
19. *Ei! Älä tottele häntä, vaan nöyrry ja lähesty Jumalaa!*

95. SUURA AT TIN

Bismilläähir- Raḥmaanir- Raḥiim

1.Wat-tiini waz-zeituun

2. wa ṭuuri siiniin

3. wa häädhäl bälädil ämiin

4. laqa**d** khala**q**näl i*ns*äänä fii~ ähsäni tä**q**wiim

5. th*umm*a rada**d**näähu äsfälä sääfiliin

6. illäl lädhiinä äämänuu wa ʿamiluuṣ- ṣaaliḥääti fälähum

aĵrun ghairu mämnuun

7. fämää yukädhdhibukä bäʿadu biddiin

8. äleisäl-laahu biäḥkämil ḥääkimiin

95. Viikunapuun suura

Jumalan Armeliaan Armahtavan nimeen

1.Kautta viikunapuun ja oliivin, 2. kautta Siinain vuoren 3. ja tämän pyhitetyn kaupungin. 4. Totisesti Me loimme ihmisen parhaaseen muotoonsa, 5. mutta Me kyllä alennammekin hänet alhaisista alemmaksi, 6. lukuunottamatta niitä, jotka uskovat ja tekevät hyvää; niitä odottaa ehtymätön palkka. 7. Mikä siis saa sinut pitämään tulevaa tuomiota valheena? 8. Eikö Jumala ole tuomareista parhain?

94. SUURA ASH SHARH

Bismilläähir- Raḥmaanir- Raḥiim

1.Äläm na<u>sh</u>rah läkä ṣa**d**rak

2. wa waḍaʿanää ʿankä wizrak

3. alla<u>dh</u>ii~ än*q*aḍa ẕahrak

4. wa rafäʿanää läkä <u>dh</u>ikrak

5. fä in*n*a mäʿal ʿusri yusraa

6. in*n*ä mäʿal ʿusri yusraa

7. fä i<u>dh</u>ää färä<u>gh</u>tä fänṣa**b**

8. wa ilää rabbikä fär<u>gh</u>a**b**

94. Avartamisen suura

Jumalan Armeliaan Armahtavan nimeen

1.Emmekä Me ole avartanut rintaasi?
2. Emmekö ole sinulta ottanut pois kuormasi,
3 joka raskaana painoi hartioillasi,
4. ja korottanut sinun arvoasi?
5. Totisesti, helpotus seuraa vastuksia,
6. ja vastoinkäymisistä seuraa huojennus.
7. Kun siis olet vapaa työstä, rukoile ahkerasti
8. ja palvele Herraasi koko sydämestäsi.

93. SUURA AD DHUHAA

Bismilläähir- Raḥmaanir- Raḥiim

1.Waḍ-ḍuḥää 2. wal-leili idhää säĵää 3. mää waddä'akä rabbukä wa mää qalaa 4. wa läl äkhiratu khairul-läkä minal uulää 5. wa läsäufä yu'ṭiikä rabbukä fätarḍaa ~ 6. äläm yäĵi**d**kä yätiima*n* *f*ä-ääwaa 7. wa waĵadäkä ḍaa~~llä*n* *f*ähädää 8. wa waĵädäkä 'aa~ilä*n* *f*ä äghnää 9. fä ä*mm*ääl yätiimä fäläa tä**q**här 10. wa ämmääs sää~ilä fäläa tänhär 11. wa ä*mm*ää bini'amäti rabbikä fäḥäddith

93. Varhaishetkien suura

Jumalan Armeliaan Armahtavan nimeen

1.Kautta päivän varhaishetkien, 2. kautta yön, joka levittää pimeyttään! 3. Herrasi ei ole sinua hylännyt eikä ole sinuun tyytymätön; 4. totisesti on se, mikä tulee, sinulle parempaa kuin se, mikä on mennyttä, 5. ja totisesti on Herrasi aikanaan oleva sinulle antelias, niin että olet tyytyväinen. 6. Eikö Hän löytänyt sinut orpona ja antanut sinulle suojaa? 7. Hän löysi sinut eksyksistä ja ohjasi sinua; 8. Hän tapasi sinut köyhissä oloissa ja teki sinusta varakkaan miehen. 9. Mitä siis orpoon tulee, älä häntä sorra, 10. mitä kerjäläiseen, älä häntä nuhtele, 11. ja mitä Herrasi siunaukseen, kerro siitä edelleenkin.

92. SUURA AL LEIL

Bismilläähir- Raḥmaanir- Raḥiim

1.Wal leili idhää yäghshää 2. wan nähääri idhää täĵällää 3. wa mää khalaqadh-dhäkärä wal unthää 4. innä sä'yäkum läshättää 5. fä-ämmää män a'ṭaa wat-taqaa 6. wa ṣaddaqa bil ḥusnää 7. fäsänuyässiruhuu lil yusraa 8. wa ämmää mäm bäkhilä wa-stäghnää 9. wa kädhdhäbä bil ḥusnää 10. fäsänuyässiruhuu lil'usraa 11. wa mää yughnii 'anhu määluhu~ idhää täräddää 12. inna 'aleinää lälhudaa 13. wa inna länää läl-äkhiratä wal-uulää 14. fä-ändhärtukum näärän täläẓẓaa 15. lää yäṣläähää~ illäl äshqaa 16. allädhii kädhdhäbä wa täwallää 17. wa säyuĵännabuhääl atqaa 18. allädhii yu´tii määlähuu yätäzäkkää 19. wa mää liäḥädin 'indähu min ni'amätin tuĵzää 20. illää-**b**tighaa~a waĵhi rabbihil ä'alää 21. waläsaufa yarḍaa

92. Yön suura

Jumalan Armeliaan Armahtavan nimeen

1.Kautta verhoonsa vetäytyvän yön, 2. kautta kirkastuvan päivän, 3. kautta ihmisen luomisen mieheksi ja naiseksi: 4. totisesti ovat pyrkimyksemme erisuuntaisia. 5. Joka on antelias ja karttaa pahaa 6. sekä rakastaa hyvää, 7. häntä autamme vähitellen saavuttamaan onnellisen päämäärän, 8. mutta toisin on sen, joka on kitsas, itseänsä täynnä, 9. eikä hyveestä välitä, 10. hänen annamme vähitellen joutua pahan valtaan, 11. eikä hänen rikkautensa hyödytä häntä vähääkään, kun hänet tuhotaan. 12. Totisesti on Meistä lähtöisin ohjaus oikealle tielle, 12. Meidän on varmasti sekä tulevaisuus että menneisyys, 14. sen tähden olen varoittanut teitä leimuavasta tulesta, 15. johon joutuvat vain pahat, 16. jotka vääristelevät totuutta ja kääntävät sille selkänsä. 17. Mutta Jumalaa pelkäävä pelastuu siitä, 18. hän, joka antaa pois rikkautensa puhdistuakseen, 19. eikä tee hyvää palkkion toivossa, 20. vaan etsiäkseen Herransa, korkeimman, mielisuosiota. 21. Totisesti, hän on aikanaan saava palkintonsa.

91. SUURA ASH SHAMS

Bismilläähir- Raḥmaanir- Raḥiim

1.Wash-shämsi wa ḍuḥäähää 2. wal qamari idhää tälläähää 3. wan-nähääri idhää ĵälläähää 4. wal-leili idhää yäghshäähää 5. was-sämää~i wa mää bänäähää 6. wal arḍi wa mää ṭaḥäähää 7. wa näfsin wa mää säwwaahää 8. fä-älhämähää fuĵuurähää wa tä**q**wäähää 9. qad äfläḥä man zäkkäähää 10 . wa qa**d** khaabä man dässäähää 11. kädhdhäbät thamuudu biṭaghwaahää 12. idhim *bä'athä* ashqaahää 13. fäqaala lähum rasuulul-laahi naaqatal-laahi wa su**q**yäähää 14. fäkädhdhäbuuhu fä'aqaruuhää fädämdämä 'aleihim rabbuhu*m bi*dh*ämb*ihim fäsäwwaahää 15. wa lää yakhaafu 'u**q**bäähää

91. Auringon suura

Jumalan Armeliaan Armahtavan nimeen

1.Kautta auringon ja sen kirkkauden, 2. kautta valonsa lainaavan kuun, 3. kautta päivän, joka paljastaa kaiken näkyväisen, 4. kautta yön, joka sen verhoonsa peittää, 5. kautta taivaan ja Hänen, joka sen rakensi, 6. kautta maan ja Hänen, joka sen laajaksi levitti, 7. kautta sielun ja Hänen, joka teki sen täydelliseksi 8. ja ilmaisi sille, mikä turmio on totuuden hylkäämisestä ja mikä menestys pahan karttamisesta! 9. Totisesti autuas on se, joka säilyttää sielunsa puhtaana, 10. ja totisesti on tuhon oma se, joka sen turmelee! 11. Thamuud teki syntiä ja väitti totuutta valheeksi. 12. Kun kurjimmat heidän joukostaan ryhtyivät riettauksiinsa, 13. silloin Jumalan sananjulistaja puhui heille Jumalan naaraskamelista ja sen juottamisesta, 14. mutta he kohtelivat häntä kuin valehtelijaa ja katkoivat kamelilta jäsenet, ja heidän Herransa kukisti heidät heidän syntiensä tähden ja tuhosi heidät maan tasalle, 15. eikä Hän pelännyt seurauksia.

90. SUURA AL BALAD

Bismilläähir- Raḥmaanir- Raḥiim

1.Lää~ u**q**simu bihää<u>dh</u>äl-bälä**d** 2. wa a*n*ta ḥillu*m* *b*ihää<u>dh</u>äl-bälä**d** 3. wa waalidi*n* *w*a mää walä**d** 4. laqa**d** <u>kh</u>ala**q**näl-i*ns*äänä fii käbä**d** 5. äyäḥsäbu al-lä*n* ya**q**dira ʿaleihi aḥa**d** 6. yaquulu ähläktu määläl-lubädää 7. äyäḥsäbu al-läm yarahu~ aḥä**d** 8. äläm na**ĵ**ʿal lähuu ʿainein 9. wa lisäänä*n* *w*a <u>sh</u>äfätäin 10. wa hädäinäähu*n-n*ä**ĵ**däin 11. fäläää-**q**täḥämäl-ʿaqabäh 12. wa mää~ a**d**raakä määl-ʿaqabäh 13. fäkku raqabäh 14. aw iṭʿaamu*n* fii yaumi*n* *<u>dh</u>*ii mäs<u>gh</u>abäh 15. yätiima*n* *<u>dh</u>*ää ma**q**rabäh 16. aw miskiina*n* *<u>dh</u>*ää mätrabäh 17. <u>th</u>u*mm*a käänä minal-lä<u>dh</u>iinä äämänuu wa tawaaṣau biṣ- ṣa**b**ri wa tawaaṣau bil-marḥamah 18. ulää~ikä aṣḥaabul-mäimänäh 19. wallä<u>dh</u>iinä käfäruu biääyäätinää hum aṣḥaabul mä<u>sh</u>-ämäh 20. ʿaleihim nääru*m-m*u´ṣadah.

90. Kaupungin suura

Jumalan Armeliaan Armahtavan nimeen

1.Kautta tämän kaupungin – 2. jossa sinä asut 3. – kautta sukumme Alkuunpanijan ja hänestä syntyneen! 4. Me olemme luonut ihmisen todellakin elämään vaikeuksissa; 5. jottei hän luulisi, että kenelläkään ei ole valtaa hänen suhteensa. 6. Hän sanoo: "Olen tuhlannut paljon varoja" (Profeetan vastustamiseen). 7. Luuleeko hän, ettei kukaan näe häntä? 8. Emmekö ole antanut hänelle kaksi silmää, 9. kielen ja huulet 10. ja tehnyt hänelle selväksi kummankin (hyvän ja pahan) tien? 11. Mutta hän ei yrittänyt nousta kaitaa polkua. 12. Miten saan sinut käsittämään, mikä kaita polku on? 13. Se on samaa kuin vapauttaa orja 14. tai ruokkia nälän päivinä 15. orpoa ja sukulaista 16. tai maahan vaipunutta köyhää miestä; 17 se on samaa kuin niihin kuuluminen, jotka uskovat ja kehoittavat toisiaan kestävyyteen ja laupeuteen. 18. Nämä ovat niitä, jotka vaeltavat oikealla puolella. 19. Mutta ne, jotka hylkivät julistamaamme totuutta, kulkevat vasempaa puolta, 20. ja heidät piirittää tuli.

89. SUURA AL FAJR

Bismilläähir- Raḥmaanir- Raḥiim

1.Wal faĵr 2. wa läyäälin 'ashr 3. wash-shf'i wal-watr 4. wal-
leili idhää yäsr 5. häl fii dhäälikä qasamul-lidhii ḥiĵr 6. äläm
tara keifä fä'alä rabbukä bi 'aad 7. irama dhäätil 'imääd 8.
allatii läm yukhlaq mithluhää fiil bilääd 9. wa thämuudal-
lädhiinä ĵääbuuṣ- ṣakhra bilwaad 10. wa fir'auna dhiil
awtääd 11. alladhiinä ṭaghau fiil bilääd 12. fä-äkthäruu
fiihääl-fäsääd 13. fäṣabbä 'aleihim rabbukä sauṭa 'adhääb
14. inna rabbäkä läbil mirṣaad 15. fä- ämmääl insäänu idhää
mäbtäläähu rabbuhu fä-äkrämähu wa nä''amähu fäyaquulu
rabbii~ äkrämän 16. wa ämmää~ idhää mäbtäläähu
faqadärä 'aleihi rizqahuu fäyäquulu rabbii~ ähäänän 17.
källää / bäl lää tukrimuunäl yätiim 18. wa lää
täḥää~~ḍḍuunä 'alää ṭa'aamil miskiin 19. wa tä'kuluunat-
turääthä akläl-lämmää 20. wa tuḥibbuunal- määlä ḥubban
ĵämmää 21. källää~ idhää dukkätil-arḍu däkkän däkkää 22.
wa ĵää~ä rabbuka wal-mäläku ṣaffän ṣaffää 23. wa ĵii~ä
yäumäidhim biĵähännäm – yaumäidin yätädhäkkärul
insäänu wa annää lähudh-dhikraa 24. yaquulu yääleitänii
qaddämtu liḥäyäätii 25. fäyaumäidil-lää yu'adhdhibu

ʿadhääbähu~ äḥad 26. wa lää yuuthiqu wa thääqahu~ äḥäd 27. yää~ äyyatuhän-näfsul-muṭmainnah 28. irĵiʿii~ ilää rabbiki raaḍiyätäm-marḍiiyyah 29. fädkhulii fii ʿibäädii 20. wadkhulii ĵännätii.

89. Päivänkoiton suura

Jumalan Armeliaan Armahtavan nimeen

1. Kautta päivänkoiton 2. ja kymmenen yön, 3. kautta (juhlapäivien) luvun ja epäluvun, 4. kautta yön, jolloin lähdetään (kotimatkalle). 5. Eikö tässä kaikessa ole minkä nimeen vannoa, jos kuka sen tajuaa? 6. Etkö ole miettinyt sitä, mitä Herrasi teki Aadille 7. ja Aramin heimolle, jonka rakennuksia tukivat ylväät pilarit, 8. sellaiset, joiden vertaisia ei rakennettu muissa kaupungeissa, 9. (ja mitä tehtiin) Thamuudin kansalle, joka laaksossaan hakkasi asumuksensa suunnattomiin kallioihin 10. ja Faaraolle, sotajoukkojen valtiaalle, 11. noille kaikille, jotka harjoittivat irstaisuutta kaupungeissaan 12. ja saivat aikaan paljon pahaa. 13. Sen tähden Herrasi lähetti heille kurituksen; 14. totisesti Herrasi seuraa valppaasti teidänkin menoanne. 15. Kun ihmisen Herra koettelee häntä antamalla hänelle kunniaa ja osoittamalla hänelle hyvyyttä, niin hän sanoo: "Herra pitää minut kunniassa. " 16. Mutta kun Hän koettelee häntä toisin, niukentaen hänen elatustaan, silloin hän sanoo: "Herra halveksii minua. " 17. Ei, te ette pidä orpoa missään arvossa 18. ettekä kehoita toisianne ruokkimaan köyhiä, 19. vaan te syötte olemattomiin kaikki heidän perintönsä ettekä mistään pidä väliä ahmiessanne,

20. ja te rakastatte ylellisyyttä koko sydämestänne. 21. Ei, kun tärähdykset panevat maan luhistumaan, 22. kun Herra ilmestyy enkeliparvien seuraamana 23. ja paljastaa helvetin, sinä päivänä ihminen noudattaisi kehoitusta, mutta miksi hyödyksi on hänelle totteleminen enää? 24. Hän sanoo: "Voi, jospa olisin huolehtinut tulevasta elämästäni!" 25. Mutta tuona päivänä ei kukaan rankaise niin kuin Hän, 26. ei kukaan sido niin kuin Hän. 27. Sinä levon löytänyt sielu, 28. palaa Herrasi luo saadaksesi Hänestä lohtusi ja ollaksesi Hänelle otollinen, 29. astu siis Minun palvelijoitteni joukkoon. 30. Niin, astu autuuden tarhaan!

88. SUURA AL GHAASHIYÄ

Bismilläähir- Raḥmaanir- Raḥiim

1.Häl ätääkä ḥädiithul ghaashiyah 2. wuĵuuhun yaumäidhin khaashiʻah 3. ʻaamilatun-naaṣibäh 4. täṣlää nääran ḥaamiyäh 5. tusqaa min ʻainin ääniyäh 6. leisä lähum taʻaamun illää min ḍariiʻi 7. lää yusminu wa lää yughnii min ĵuuʻi 8. wuĵuuhun yaumäidhin-nääʻimäh 9. lisäʻyihää raaḍiyah 10. fii ĵannatin ʻaaliyah 11. lää täsmäʻu fiihää lääghiyah 12. fiihää ʻainun ĵääriyah 13. fiihää sururum-marfuuʻah 14. wa akwaabum-mauḍuuʻah 15. wa nämääriqu maṣfuufäh 16. wa zaraabiyyu mabthuuthäh 17. äfälää yanẓuruunä iläl-ibili keifä khuliqat 18. wa iläs-sämääˉi keifä rufiʻat 19. wa ilääl- ĵibääli keifä nuṣibat 20. wa ilääl-arḍi keifä suṭiḥat 21. fädhäkkir innämääˉ antä mudhäkkir 22. lästä ʻaleihim bimuṣaitir 23. illää man täwallaa wa käfär 24. fäyuʻadhdhibuhul-laahul-ʻadhääbäl-akbar 25. inna ileinaaˉ iyääbähum 26. thumma inna ʻaleinää ḥisääbähum.

88. Musertavan tapahtuman suura

Jumalan Armeliaan Armahtavan nimeen

1. Oletko kuullut sanoman musertavasta tapahtumasta? 2. Sinä päivänä toisten kasvot nöyrtyvät; 3. väsyen ja nääntyen 4. he käyvät polttavaan tuleen 5. ja juovat kiehuvasta lähteestä 6. saamatta muuta ruokaa kuin ohdakkeista, 7. joka ei lihota eikä vie nälkää. – 8. Samana päivänä toisten kasvot loistavat, 9. ja he ovat tyytyväiset ponnisteluihinsa, 10. kun saapuvat ylhäisiin puutarhoihin, 11. joissa eivät kuule turhuuden sanoja. 12. Siellä on pulppuavia lähteitä, 13. siellä on korkeita valtaistuimia, 14. täysiä maljoja, 15. pieluksia pitkin rivein 16. ja levitettyjä mattoja. 17. Eivätkö he näe, kuinka pilvet on luotu, 18. kuinka taivas on kaartunut korkeaksi, 19. kuinka vuoret on pystytetty 20 ja kuinka maa on avaraksi levitetty? 21. Jatka siis varoituksiasi, sinä olet juuri varoittaja, 22. etkä ole heidän kaitsijansa. 23. Mutta sitä, joka kääntää selkänsä ja jää epäuskoonsa, 24. Jumala kurittaa suurella kärsimyksellä: 25. totisesti he palaavat Meidän tykömme, 26. Ja Meille on heidän tili tehtävä.

87. SUURA AL ʻALÄÄ

Bismilläähir- Raḥmaanir- Raḥiim

1.Sebbiḥ-isma rabbikäl-aʻlää 2. alladhii khalaqa fäsäwwaa 3. wal-ladhii qaddärä fähädää4. wal-ladhii~ akhraĵal-marʻaa 5. fäĵäʻalähu ghuthää~än äḥwaa 6. sänu**q**riukä fälää tä*n*sää 7. illää mää shää~a-llaah – i*nn*ahu yäʻalämul- ĵahra wa mää yäkhfää 8. wa nuyässirukä lilyusraa 9. fädhäkkir i*n*-*n*äfäʻatidh-dhikraa 10. säyädhdhäkkäru mä*n* *y*äkhshää 11. wa yätäĵa*nn*abuhääl-ashqaa 12. alladhii yäşlä*n*-*n*ääräl-ku**b**raa 13. thu*mm*a lää yämuutu fiihää wa lää yäḥyää 14. qa**d** äfläḥä ma*n* *t*äzäkkää 15. wa dhäkärä-smä rabbihi fäşallaa 16. bäl tuʹthiruunal-ḥäyäätäd-dunyää 17. wal-ääkhiratu khairu*n* *w*a a**b**qaa 18. i*nn*a häädhää läfiiş -şuḥufil-uulää 19. suḥufi I**b**raahiimä wa Muusää.

87. Korkeimman suura

Jumalan Armeliaan Armahtavan nimeen

1. Ylistä Herrasi, Korkeimman, nimeä, 2. Hänen, joka luo ja tekee täydelliseksi, 3. joka määrää ja ohjaa, 4. joka kasvattaa viheriän laidunruohon 5. ja kuivattaa sen jälleen tomun harmaaksi. 6. Me annamme sinun julkilukea (Koraania), etkä ole mitään unohtava, 7. paitsi mitä Jumala tahtoo: totisesti Hän tietää, mitä ilmaistaan ja mikä pidetään salassa. 8. Tahdomme tasoittaa sinun lähetystiesi. 9. Käy siis eteenpäin varoittaen, totisesti koituu varoituksesta hyvää: 10. se, joka (Jumalaa) pelkää, ottaa siitä vaarin, 11. mutta viheliäinen karttaa sitä, 12. hän joutuu ankarimpaan tuleen, 13. jossa hän ei elä eikä kuole. 14. Mutta onnellinen se, joka tekee parannuksen, 15. ylistää Herransa nimeä ja rukoilee. 16. Mutta te pidätte parempana tämän maailman elämää, 17. vaikka tuleva elämä on parempi ja kestävämpi. 18. Näin on totisesti vanhimmissa kirjoituksissa, 19. Aabrahamin ja Mooseksen kirjoissa.

2. SURAH AL BAQARA 1-5

Bismilläähir- Raḥmaanir- Raḥiim

1. Älif Lää~m Mii~m

2. Dhäälikäl-kitääbu lää raiba fiih / hudal-lilmuttaqiin

3. Alladhiina yu´minuuna bil ghaybi wa yuqiimuunas-ṣaläätä wa mi*mm*ää raza**q**näähum yu*nf*iquun

4. Wal-ladhiina yu´minuuna bimää~ u*nz*ila ileika wa mää~ u*nz*ila mi*n q*a**b**lika wa bil-ääkhiratihum yuuqinuun

5. Ulää~ika ʽalä huda*m m*ir-rabbihim / wa ulää~ika humul-mufliḥuun

2. Hiehon suura
Jumalan Armeliaan Armahtavan nimeen

1. *Alif Laam Miim.*
2. *Tämä Pyhä kirja, siitä ei ole epäilystäkään on opastus jumalaa pelkääväisille ja pahaa karttaville,*
3. *niille, jotka uskovat siihen, mikä ei näy, elävät rukoillen ja tuovat uhria siitä, mitä Me olemme heille suoneet,*
4. *niille, jotka uskovat siihen, mikä on ylhäältä ilmoitettu sinulle (Muhammed), sekä siihen, mikä on ilmoitettu ennen sinua, ja jotka varmassa luottamuksessa odottavat tulevaista elämää.*
5. *Nämä elävät Herransa johdatuksessa; nämä ovat onnellisia.*

2. SUURA AL BAQARA 255: AYAT UL KURSI

Allaahu lää~ ilaaha illää huwal ḥayyul qayyuum / Lää tä´khudhuhuu sinatu*n* *w*a lää nawm / lähuu mää fiis-sämääwaati wa mää fiil-arḍ / Ma*n* *dh*äl-ladhii yäshfä'u '*i*n*d*ahuu~ illää bi-idhnih / Ya'alamu mää beina äidiihim wa mää khälfahum / Wa lää yuhiiṭuuna bishei-i*m*- *m*in 'ilmihi~ illää bimää shää~ä / wasi'a kursiyyuhus-sämääwaati wal-arḍ / wa lää yauuduhuu ḥifẓuhumää / wa huwal 'aliyyul 'aḍhiim

2:255 Valtaistuimen jae

Allah, ei ole muuta jumalaa kuin Hän, elävä, iankaikkinen. Häntä ei saa valtaansa uneliaisuus eikä uni; Hänelle kuuluu kaikki, mikä on taivaassa ja maan päällä. Kuka on se, joka astuisi välittäjäksi Hänen edessään Hänen sallimattaan? Hän tietää, mitä heille on vastedes tuleva ja mitä heillä on ollut menneisyydessä, mutta Hänen viisaudestaan he eivät käsitä muuta kuin minkä Hän tahtoo. Hänen valtaistuimensa käsittää taivaat ja maan, eikä niiden voimassapysyttäminen ole Hänelle taakka; niin, Hän on ylhäinen, valtava.

2. SUURA AL BAQARA 256–257

256: Lää~ ikraaha fiid-diin / qat-täbäyyänär-rushdu minal-ghayy / fäma*n* *y*äkfur biṭ-ṭaaghuuti wa yu´mi*m* *b*illäähi faqad-istämsäkä bil ʿurwatil wuthqaa / lä*n* *f*iṣaama lähaa / wal-laahu sämiiʿun ʿaliim

257: Allaahu waliyyul-ladhiina äämanuu yukhriĵuhu*m*-*m*inaẓ-ẓulumaati ilä*n*-*n*uur / wal ladhiina käfäruu~ awliyää~uhumuṭ-ṭaaghuutu yukhriĵuunahu*m*-*m*ina*n*-*n*uuri ilaẓ-ẓulumäät / ulää~ika aṣḥaabu*n*-*n*ääri hum fiihää khääliduun

256: Uskonnossa ei ole mitään pakkoa, oikea tie on selvästi erotettu harhateistä, ja se, joka hylkää Sheitaanin ja uskoo Jumalaan, hän pitää kiinni mitä lujimmasta kädensijasta, joka ei murru. Jumalahan on kuuleva, tietävä.
257: Jumala on niiden suojelija, jotka uskovat; Hän johtaa heidät pimeydestä valoon. Mutta uskottomien suojelijoita ovat pahat henget; he vetävät heidät valosta pimeyteen. Heistä tulee Tulen asukkaita ja he pysyvät siinä iankaikkisesti.

2. SUURA AL BAQARA 284–286

284: Lil-läähi mää fiis-sämääwaati wa mää fiil-arḍ / wa-i*n* *t*u**b**duu mää fii~ a*nf*usikum aw tukhfuuhu yuḥääsi**b**ku*m* *b*ihil-lääh / fäyaghfiru limä*n yä*shää~u wa yu‘adhdhibu man yäshää~´ / wal-laahu ‘alä kulli shei-i*n* *q*adiir

285: Äämänär-rasuulu bimää~ u*nz*ilä ileihi mir-rabbihii wal-mu´minuun / kullun äämänä billäähi wa mäläää~ikatihi wa kutubihii wa-rusulihii lää nufärriqu beina äḥädi*m m*ir-rusulih / wa qaluu semi‘nää wa aṭä‘nää / ghufraanaka rabbänää wa ileikal maşiir

286: Lää yukälliful-laahu näfsän illää wus‘ähää / lähää mää käsäbät wa‘aleihää mäk-täsäbät / rabbänää lää tu-ääkhidhnää~ i*n-n*äsiinää~ aw äkhṭa´nää / rabbänää wa lää täḥmil ‘aleinää~ işra*n k*ämää ḥämältähuu ‘aläl ladhiina mi*n* *q*a**b**linää / rabbänää wa lää tuḥä*mm*ilnää mää lää ṭaaqata länää bih / wa‘fu ‘a*nn*ää waghfir länää warḥamnaa / a*n*t*a* mawläänää fä*nş*urnää ‘aläl qawmil kääfiriin

284: Jumalalle kuuluu kaikki taivaassa ja maan päällä, ja ilmaisetteko vai salaatte, mitä teillä on mielessä, vaatii Jumala teidät tilille siitä. Hän antaa anteeksi kenelle tahtoo ja rankaisee ketä tahtoo, sillä Jumala on kaikkivaltias.
285: Profeetta uskoo siihen, minkä hänen Herransa on hänelle ilmoittanut, samoin uskovaiset; jokainen heistä uskoo Jumalaan, Hänen enkeleihinsä ja Hänen lähettiläisiinsä. Me emme tee erotusta Hänen profeettojensa välillä, ja he sanovat: »Me kuulemme ja tottelemme. Sinulla on (meille) anteeksiantamus, oi Herra! Niin, Sinussa on määränpää.»
286: Jumala ei ketään rasita yli voimien; mitä kukin on aikaansaanut, on hänen edukseen, ja häntä vastaan nousee vain se, minkä hän itse on aiheuttanut. Herramme, älä rankaise meitä, jos hairahdumme tai rikomme! Herra, älä pane kannettavaksemme sellaista taakkaa, kuin annoit niiden osaksi, jotka ovat ennen meitä eläneet! Herra, älä pakota meitä kantamaan sitä, mihin eivät voimamme riitä! Ole pitkämielinen, anna anteeksi ja armahda meitä! Olet suojelijamme; auta meitä uskottomia vastaan!

RUKOUSPESU

Ennen rukousta on pakollista suorittaa rukouspesu, eli wudu. Myös ennen Koraaniin koskemista pitää olla rituaalisesti puhdas, eli wudun-tilassa.

Wudun rikkovia asioita ovat muun muassa vessassa käyminen, pieraiseminen, verenvuotaminen, nukkuminen, yhdyntä tai siemensyöksy ja tajunnan menettäminen. Näiden asioiden tapahduttua pitää tehdä wudu uudestaan ennen kuin voi rukoilla. (Kuukautisten loputtua, sekä siemensyöksyn tai yhdynnän jälkeen täytyy käydä tekemässä isompi pesu ghusl, jossa pestään koko vartalo ja hiukset.)

Wudu aloitetaan aikomuksella puhdistautua. Aikomusta ei sanota ääneen, mutta on tärkeää, että itse tiedät minkä vuoksi teet asiaa. Wudussa pestään sunnan mukaan nämä paikat oikeassa järjestyksessä:

1. Kädet kolme kertaa, ensin oikea ja sitten vasen.
2. Huuhdellaan suu kolmesti.
3. Huuhdellaan nenä kolmesti.
4. Pestään kasvot kolmesti.
5. Pestään käsivarret ranteesta kyynärpäähän, ensin oikea ja sitten vasen.
6. Pyyhitään hiukset päälaelta niskaan ja takaisin märillä sormilla kerran.
7. Pyyhitään korvat kerran märillä sormilla.
8. Pestään jalkaterä kolmesti, ensin oikea ja sitten vasen.

RUKOUSOHJEET

1. Rukous aloitetaan seisomalla.
Myös aina kun vaihdetaan rukousasentoa sanotaan "Allahu akbar".

Allaahu
Akbar

Jumala on suurempi

2. Seiso ja sano suura al Fatiha ja joku toinen suura. (kahdessa ensimmäisessä rakaassa)

3. Kumarrutaan.

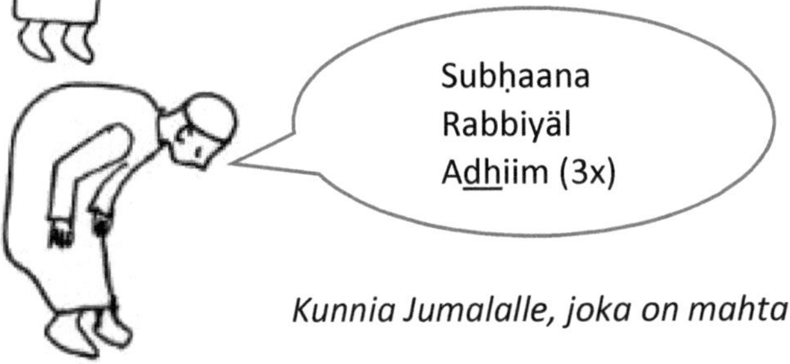
Subḥaana
Rabbiyäl
Adhiim (3x)

Kunnia Jumalalle, joka on mahtava.

4. Tämän jälkeen noustaan seisomaan ja sanotaan: "**Semi Allaahu limän ḥämidäh**" (ja "**Rabbana wa läkäl ḥämd**"). *Allah kuuntelee sitä, joka ylistää Häntä. (Herramme, ja sinulle on ylistys.)*

5. Polvistutaan

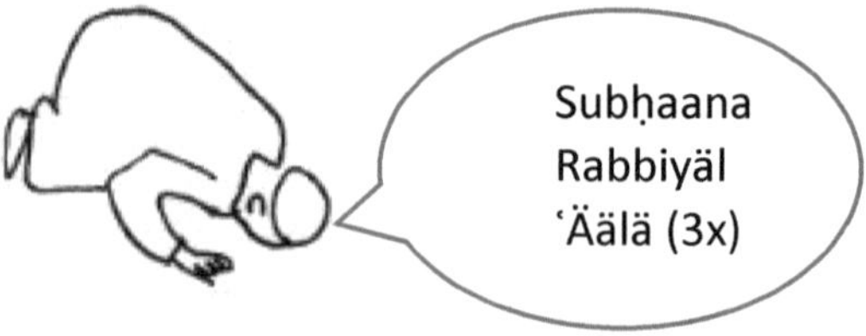
Subḥaana
Rabbiyäl
ʿÄälä (3x)

Kunnia Jumalalle, joka on korkein.

6. istutaan välissä (istuessa voi sanoa 2x ”**rabbi <u>gh</u>firlii**” *Herrani, anna minulle anteeksi)* ja polvistutaan uudestaan. Tämän jälkeen aloitetaan toinen rakaaʿ alusta.

7. Kun olet tehnyt rukouksessa kaksi rakaaʿ (eli liikesarjaa), toisen polvistumisen jälkeen jäädään istumaan. Tässä asennossa sanotaan ensin *tahiyyätulilläöh* ja uskontunnustus, eli *shahada*. Rukouksen viimeisessä rakaaʿssa sanotaan myös *durud Ibrahim.*

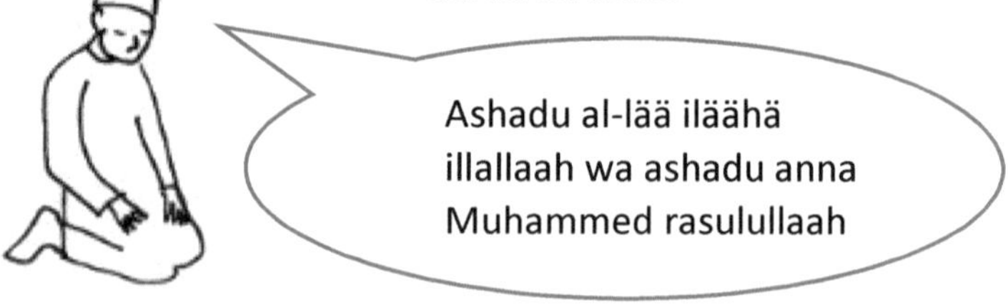
Ashadu al-lää ilääḥä
illallaah wa ashadu anna
Muhammed rasulullaah

8. Kun lopetetaan rukous, käännetään päätä ensin oikealle puolelle ja sitten vasemmalle puolelle.

Rauha olkoon teidän kanssanne ja Jumalan armo.

Assalaamu
aleikum wa
rahmatullaah
(2x)

TAHIYYTULILLÄÄH

At-taḥiyyätu lilläähi, waṣ-ṣalawäätu, waṭṭayyibäätu,

Ässälläämu ʿaleika äyyuhän-Näbiyyu wa raḥmatul-laahi wa barakäätuhu,

ässäläämu ʿaleynä wa ʿalä ʿibäädilläähiṣ-ṣaalihiin.

SHAHADA

Ashadu al-lää iläähä illallaah wa ashadu anna Muḥammed rasulullaah

Kaikki hyvät sanat, kaikki rukoukset ja kaikki hyvät asiat ovat Jumalalle. Rauha olkoon sinun kanssasi, oi profeetta, samoin kuin Allahin armo ja siunaukset. Rauha olkoon meidän kanssamme, kaikkien oikeamielisten Jumalan palvelijoiden kanssa.

USKONTUNNUSTUS

Todistan, että ei ole muuta jumalaa kuin Allah, ja todistan, että Muhammed on hänen lähettiläänsä.

DURUD IBRAHIM

Allahumma sallii ʿalä Muḥammedin wa ʿalä ääli Muḥammedin, kämää sälleita ʿalä Ibrahiima wa ʿalä ääli Ibrahiima innäkä hämiidun mäjiid.

Allahumma bäärik ʿalä Muḥammedin wa ʿalä ääli Muḥammedin, kämää bääräktä ʿalä Ibraahiima wa ʿalä ääli Ibrahiima innäkä ḥämiidun mäjiid.

Oi Allah, lähetä siunauksia Muhammedille ja Muhammedin perheelle, samoin kuin olet lähettänyt siunauksia Ibrahimille ja Ibrahimin perheelle. Totisesti, olet ylistetty, kunnioitettu.

Oi Allah, siunaa Muhammedia ja Muhammedin perhettä, samoin kuin olet siunannut Ibrahimia ja Ibrahimin perhettä. Totisesti, olet ylistetty, kunnioitettu.

RUKOUSTEN AJAT JA RAKAA MÄÄRÄT

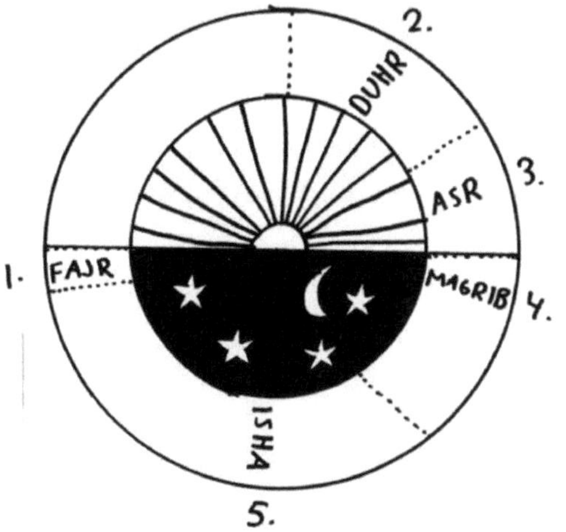

1. Aamurukouksessa (fajr) tehdään kaksi rakaa ääneen.
2. Keskipäivän rukouksessa (duhr) tehdään neljä rakaa hiljaa.
3. iltapäivän rukouksessa (asr) tehdään neljä rakaa hiljaa.
4. Iltarukouksessa (maghrib) tehdään kaksi ensimmäistä rakaa ääneen ja kolmas hiljaa.
5. Yörukouksessa (isha) tehdään kaksi ensimmäistä rakaa ääneen ja kaksi viimeistä hiljaa.

Rakaaʿ tarkoittaa yhtä rukouksessa tehtävää liikesarjaa

KORAANINMUISTAMISMOSKEIJA

Väritä moskeijasta osa aina, kun osaat sanoa siinä osassa kirjoitetun suuran tai rukouksen osan.

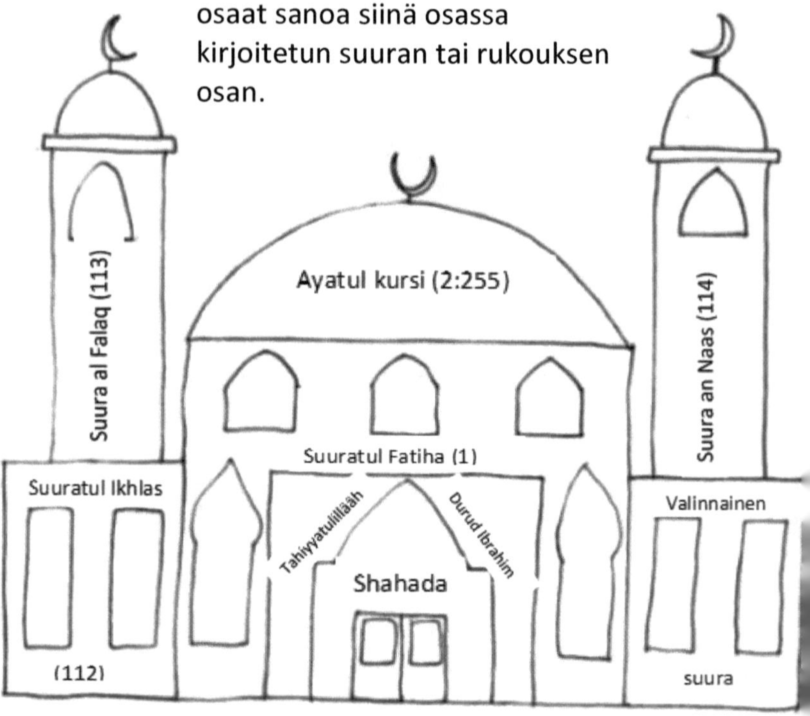

Ovet: Taslim (Assalaamu aleikum wa rahmatullaah)